THIS BOOK IS FOR

BORN ON ....

WITH LOTS OF LOVE FROM

....

FOREVER & ALWAYS

©BELLA DREAMS

LETTERS TO MY BABY
As You Grow

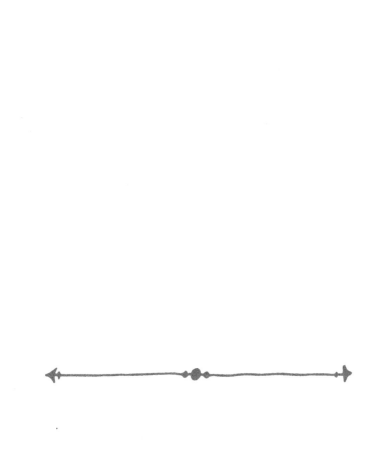

DATE: . . . .

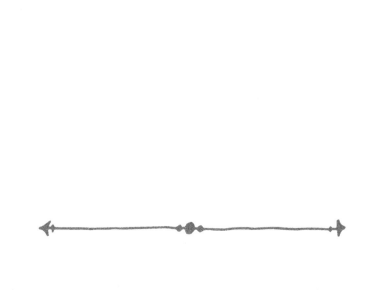

DATE: ....

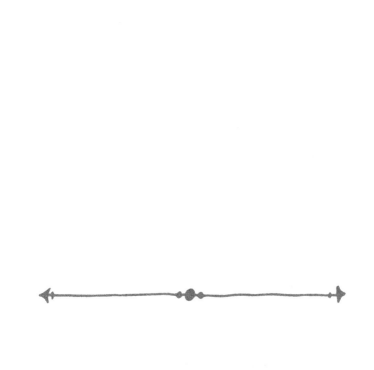

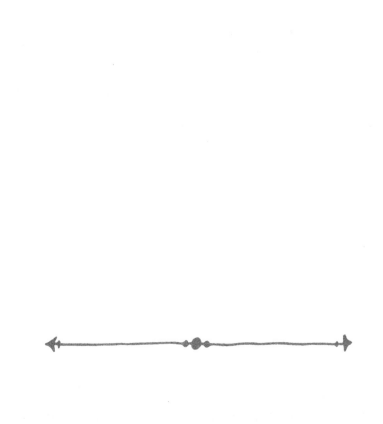

DATE: . . . .

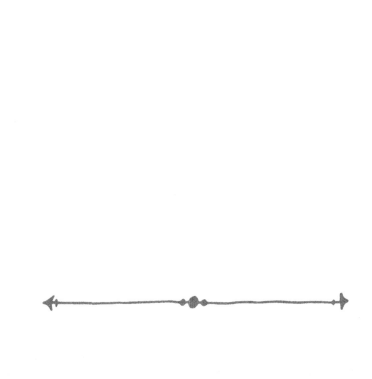

DATE: ....

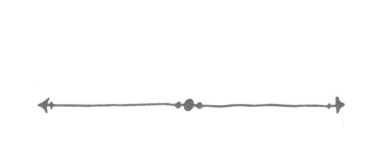

DATE: . . . .

DATE: ....

DATE:................

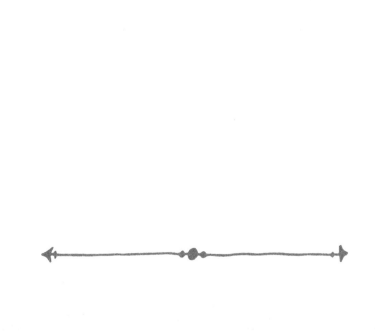

DATE: . . . .

DATE: ....

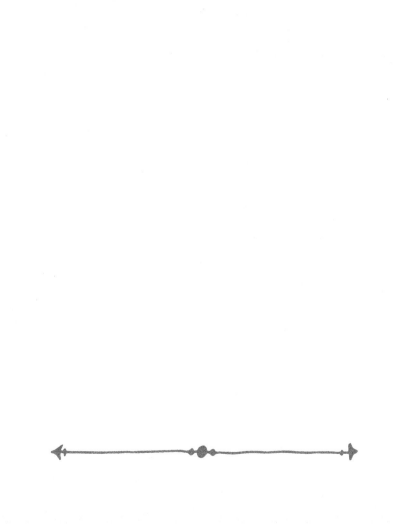

DATE: ....

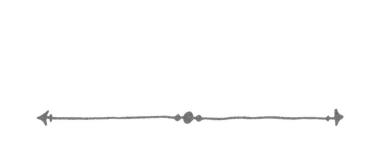

DATE: . . . .

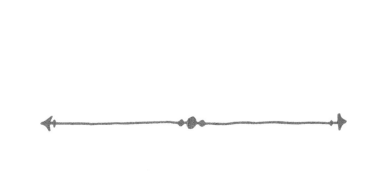

DATE: . . . .

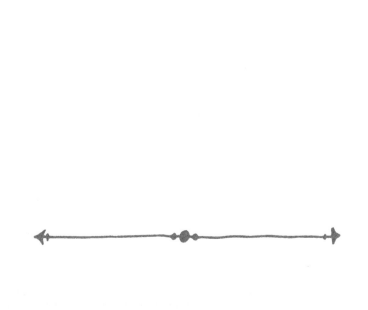

DATE: . . . .

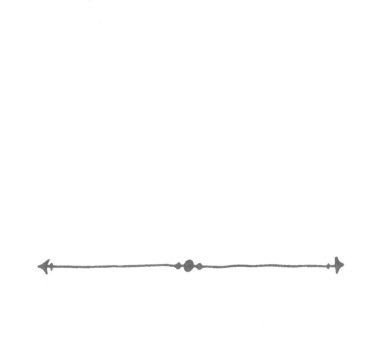

Date: . . . .

DATE: ....

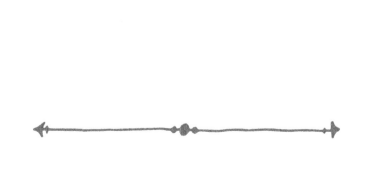

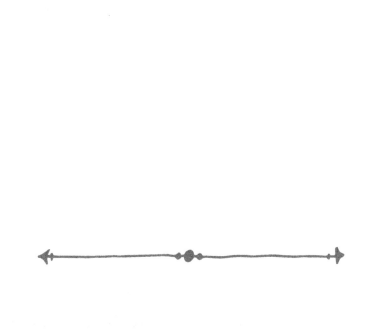

Date: . . . .

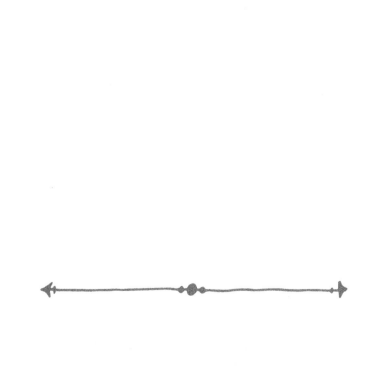

DATE: . . . .

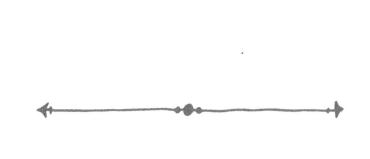

DATE: . . . .

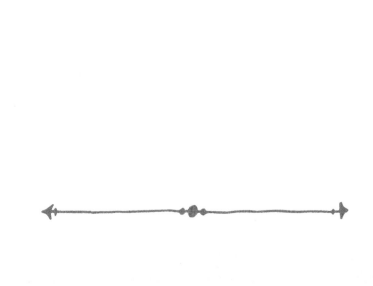

DATE: . . . .

DATE: ....

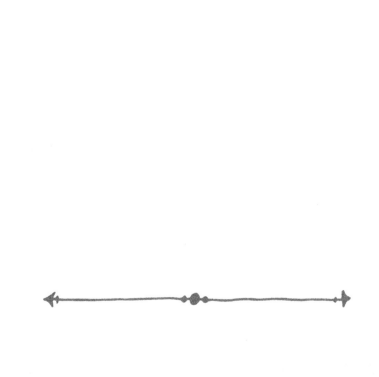

DATE: . . . .

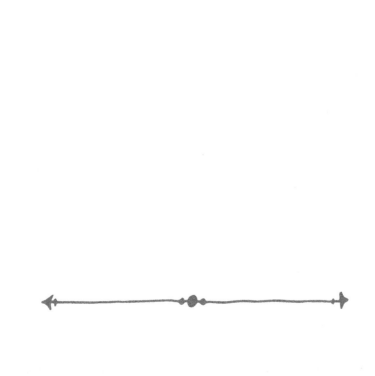

Date: . . . .

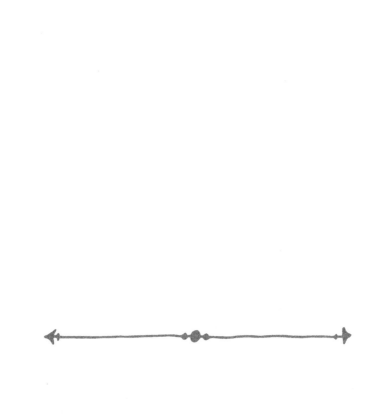

DATE: . . . .

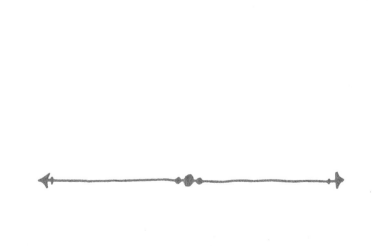

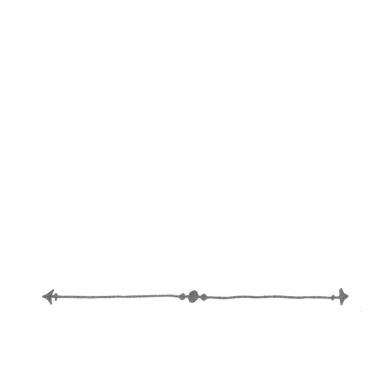

DATE: ....

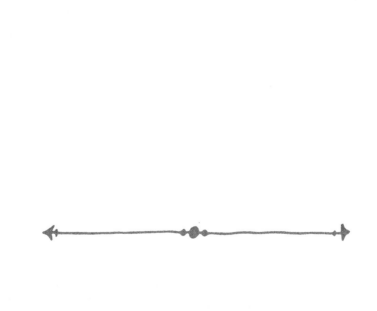

DATE: . . . .

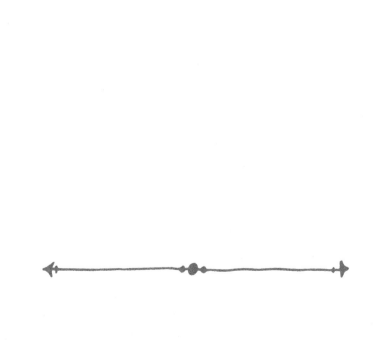

DATE: . . . .

DATE: . . . .

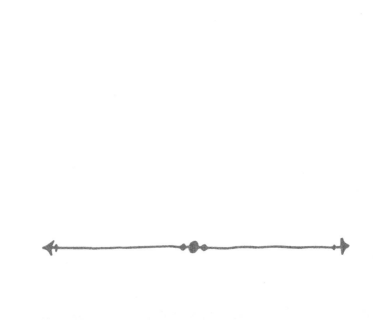

DATE: . . . .

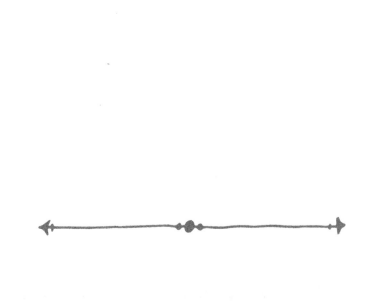

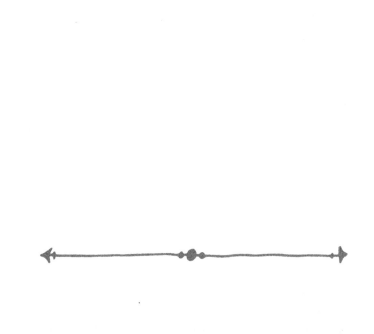

DATE: . . . .

DATE: . . . .

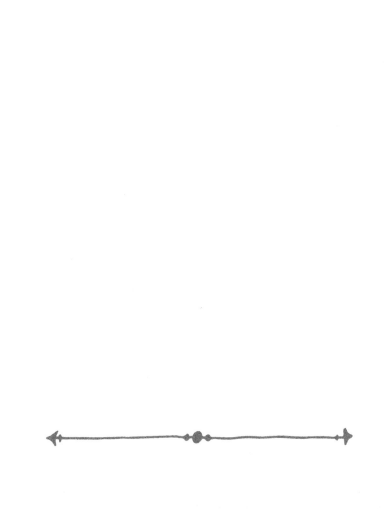

Date: . . . .

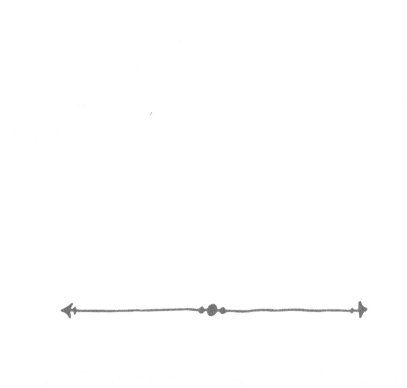

DATE: ....

DATE: . . . .

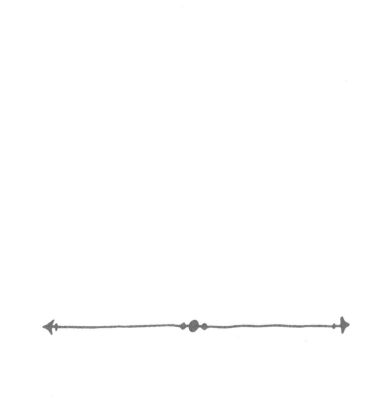

DATE:................

DATE: . . . .

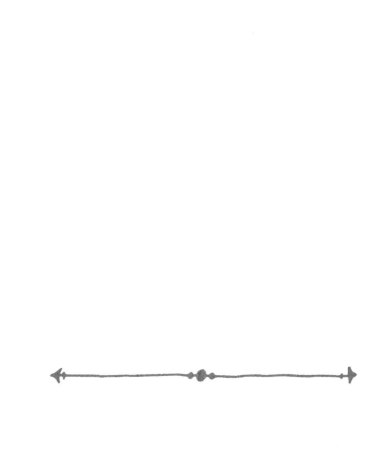

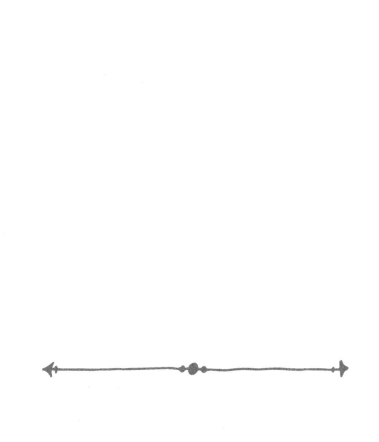

DATE: ....

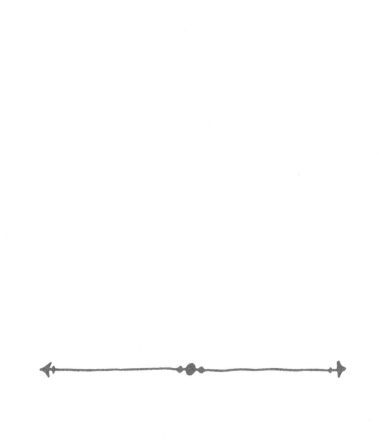

DATE: . . . .

DATE: . . . .

DATE: ....

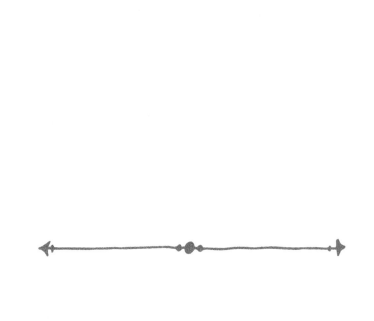

Date: . . . .

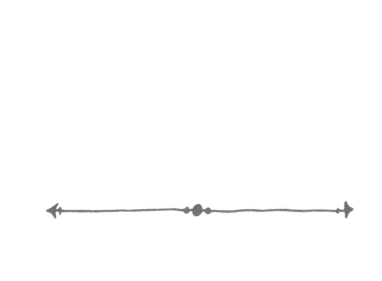

DATE: . . . .

DATE: ....

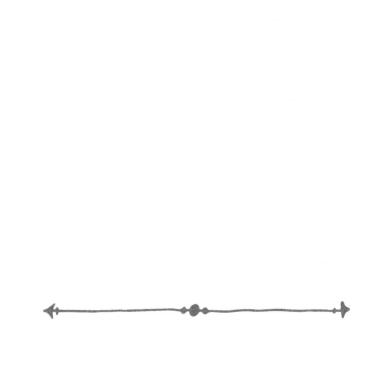

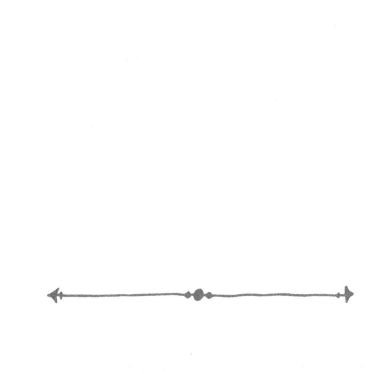

You Are
Loved.

Made in the USA
Las Vegas, NV
17 December 2024

14467157R00069